Dewch i Mewn

I Ann, Julia, Andi, Fran, Christine, Barbara ac Anne gyda diolch am eich cwmni sydd wastad yn ysbrydoli.

Dewch i Mewn

Straeon i ddysgwyr

Esyllt Maelor

Argraffiad cyntaf: 2022
© Hawlfraint Esyllt Maelor a'r Lolfa Cyf., 2022

Mae hawlfraint ar gynnwys y llyfr hwn ac mae'n anghyfreithlon llungopïo neu atgynhyrchu unrhyw ran ohono trwy unrhyw ddull ac at unrhyw bwrpas (ar wahân i adolygu) heb gytundeb ysgrifenedig y cyhoeddwyr ymlaen llaw

Cynllun y clawr: Sion Ilar

Rhif Llyfr Rhyngwladol: 978 1 80099 264 1

Dymuna'r cyhoeddwyr gydnabod cymorth ariannol
Cyngor Llyfrau Cymru

Cyhoeddwyd ac argraffwyd yng Nghymru
ar bapur o goedwigoedd cynaliadwy gan
Y Lolfa Cyf., Talybont, Ceredigion SY24 5HE
e-bost ylolfa@ylolfa.com
gwefan www.ylolfa.com
ffôn 01970 832 304
ffacs 01970 832 782

Cynnwys

Annwyl Ddarllenydd...   6

Sebon John Pwll Brwyn   12

Y Fan Wen   18

Dos i Ganu!   24

Caffi Dre   30

Siân a Gareth   36

Llond Bol   42

Car Trydan   47

Sbardunau Siarad   52

Geirfa   56

ANNWYL DDARLLENYDD...

Croeso i Nefyn! Mae Nefyn yn dref ym **Mhen Llŷn**. Mae Pen Llŷn yng ngogledd Cymru.

Dewch am dro i Lyfrgell Nefyn. Llyfrgell fach **glyd** ydy hi. Mae'r Llyfrgellydd yn **glên** ac yn barod i helpu bob amser.

Dewch i mewn. Mae'r Llyfrgellydd yn eistedd wrth y bwrdd. Mae hi ar y ffôn ar hyn o bryd.

Ar y chwith i chi mae silffoedd. Ar y silffoedd mae labeli yn dangos lle mae'r **Cofiannau**, llyfrau am **Gorff a Meddwl**, Hanes a Theithio, **Diddordebau a Hamdden** a **LHDT+**.

Ar y dde wrth y drws mae **Llyfrau Dewis Sydyn** ac **yna** silffoedd o lyfrau Cymraeg. **Tu ôl i**'r silffoedd yma mae llyfrau **ffuglen** Saesneg. Drws nesa i'r llyfrau ffuglen mae'r llyfrau **trosedd**.

Mae'r Llyfrgellydd yn gwenu ac yn codi ei llaw.

Ymlaen â chi!

Annwyl Ddarllenydd – *Dear Reader*	
Pen Llŷn – *The Llŷn Peninsula*	**clyd** – *cosy*
clên – *kind, pleasant*	**Cofiannau** – *Biographies*
Corff a Meddwl – *Mind and Body*	
Diddordebau a Hamdden – *Interests and Leisure*	
LHDT+ – *LGBT+*	
Llyfrau Dewis Sydyn – *Quick Choice Books*	
yna – *then*	**tu ôl i** – *behind*
ffuglen – *fiction*	**trosedd** – *crime*

Heibio'r ddau **gyfrifiadur** a heibio'r **Llyfrau Print Bras** a'r **Llyfrau Llafar**...

A dyma ni!

Dan ni'n **aros**.

Pwy dan ni?

Ni ydy **criw** y Clwb Darllen. Andi, Anne, Julia, Fran, Christine, Barbara, Ann ac Esyllt. Croeso!

Eisteddwch yma efo ni!

PWY YDAN NI

Dan ni'n dod i'r Llyfrgell i ddarllen a thrafod llyfrau. Dan ni'n dysgu Cymraeg ac yn mynd i wersi Cymraeg hefyd. Dan ni'n brysur yn gwneud **pob math** o bethau fel chwarae golff a cherdded, canu mewn côr a pheintio. Mae gynnon ni lawer o ddiddordebau.

Dach chi'n gweld y **fasged** ar y bwrdd? Dyma fasged Ann. Mae Ann yn cario te, coffi, bisgedi a **llefrith** i ni ac mae Esyllt yn dod â **mygiau**. Mae Chris yn dod â fflasg fawr o ddŵr poeth.

Mae'n braf cael paned ar ôl cyrraedd.

Gyda llaw, 'llaeth' mae Ann yn ei ddweud! Mae Ann yn dod o Lanelli yn wreiddiol ond mae hi yn byw ym Morfa Nefyn rŵan. Mae hi wedi byw yn **yr Alban** hefyd. Roedd hi'n gweithio yno.

cyfrifiadur – *computer*	**Llyfrau Print Bras** – *Large Print Books*
Llyfrau Llafar – *Audio Books*	**aros** – *to stay*
criw – *group, gang*	**pob math** – *all kinds*
basged – *basket*	**llefrith (gogledd)** – *milk*
myg(iau) – *mug(s)*	
gyda llaw – *incidentally; by the way (literally: by the hand)*	
llaeth (de) – *milk*	**yr Alban** – *Scotland*

Ond stori arall ydy honno. A dweud y gwir mae gan **bawb** yn y criw stori ddiddorol. Dyma i chi fwy o hanes y criw.

Mae Barbara yn dod o **Fanceinion** yn wreiddiol. Mae hi wedi **ymddeol** ar ôl gweithio fel athro yn Lloegr. Mae hi **wrth ei bodd** ym Mhen Llŷn. Roedd hi'n arfer dod i'r ardal ar ei gwyliau a rŵan mae hi'n byw yma. Mae Barbara yn hoffi nofio yn y môr yn yr haf a'r gaeaf, mae'n chwarae golff, yn canu gyda Côr y Golff ac mae'n hoffi cyfarfod pobol. Mae Julia yn chwarae golff hefyd a hi yw **trysorydd** y merched yn y clwb. Mae'n cerdded gyda Merched y Wawr a **Cherddwyr Llŷn**. Ar fore dydd Mawrth bydd Julia yng Nghaffi Largo, Pwllheli yn rhoi gwersi Ffrangeg i'r bobol sy'n mynd i'r **Clwb Ffitrwydd** efo hi.

Dydy Andi ddim yn byw ym Morfa Nefyn fel Barbara a Julia. Mae hi yn byw yn ardal Trefor. Mae hi wedi byw mewn sawl lle yn Lloegr ond mae ei theulu hi'n dŵad o Gymru. Mae ei mam yn Gymraes. Mae Andi hefyd yn nofio yn y môr, dwywaith bob mis drwy'r flwyddyn. Un o ddiddordebau mawr Andi yw gwaith **tecstiliau** ac mae'n **cynllunio** a gwerthu lluniau a chardiau.

Mae gwaith llaw a pheintio yn bwysig i Chris hefyd. Mae hi'n byw ar **lethrau** Mynydd Nefyn. Mae'n dod o Fanceinion yn wreiddiol. Mae'n drysorydd Merched y Wawr ym Morfa Nefyn ac wedi bod yn siarad am deithio'r byd a gwneud **gwaith gwirfoddol** i bob math o brosiectau.

pawb – *everyone, everybody*	**Manceinion** – *Manchester*
ymddeol – *to retire*	**wrth ei bodd** – *in her element*
trysorydd – *treasurer*	
Cerddwyr Llŷn – **cerddwyr** – *walkers, ramblers*	
Clwb Ffitrwydd – *Fitness Club*	**tecstiliau** – *textiles*
cynllunio – *to design, to plan*	**llethr(au)** – *slope(s)*
gwaith gwirfoddol – *voluntary work*	

Mae Fran wedi ymddeol ond roedd hi'n gweithio fel **cyfrifydd**. Ar ôl i'r plant adael, symudodd Fran a'r gŵr i Nefyn. Mae Nefyn yn agos at **galon** teulu Fran. Dyma mae Fran yn ddweud, 'Ar ôl symud i Nefyn es i i wersi Cymraeg. Dw i mor hapus dw i wedi trio achos mae'n bwysig siarad yr iaith lle dach chi'n byw. Dw i wrth fy modd yma, dw i'n mwynhau nofio yn y môr efo **Môr-forwynion** Morfa, mynd am dro efo clwb cerdded Bryncroes, a dw i'n canu gyda Côr y Golff hefyd. Dw i'n helpu yn yr **ardd gymunedol** ym Morfa Nefyn ac yn y banc bwyd ym Mhwllheli. Dw i'n teimlo mor lwcus i fod yma.'

Anne – ia, Anne gydag 'e' yn ei henw. Mae gan Anne **acen Wyddelig** fendigedig wrth siarad, mae'n fiwsig i'r glust! Mae'n dod o dref Monaghan yn **Iwerddon** yn wreiddiol. Mae Ann wedi siarad mewn sawl 'gig' yn yr ardal yn dweud ei stori hi. Mae stori Anne yn dysgu Cymraeg yn ddiddorol. A dweud y gwir mae hanes Anne yn ddiddorol iawn! Mae'n stori lawn **antur**, cariad a hwyl.

Dyna ni'r Criw Darllen! Dach chi wedi darllen *Agor y Drws*, 6 stori i ddysgwyr? Dan ni wedi mwynhau darllen y llyfr. Mae'r **straeon** yn y llyfr wedi gwneud i ni siarad am lawer o bethau. Pethau fel partïon pen-blwydd, teithiau trên, **llefydd** bwyta, **cyflyrau** fel **awtistiaeth**, OCD, **iechyd meddwl**...

cyfrifydd – *accountant*	**calon** – *heart*
môr-forwyn(ion) – *mermaid(s)*	
gardd gymunedol – *community garden*	
acen Wyddelig – *Irish accent*	**Iwerddon** – *Ireland*
antur – *adventure*	**stori (straeon)** – *story (stories)*
lle(fydd) – *place(s)*	**cyflwr (cyflyrau)** – *condition(s)*
awtistiaeth – *autism*	**iechyd meddwl** – *mental health*

Ar ôl darllen *Agor y Drws*, roedden ni isio llyfr arall yn llawn straeon. Ond doedd dim llyfr arall Lefel Mynediad i ni!

Felly, dyma ni'n meddwl, beth am sgwennu llyfr yn llawn o straeon newydd.

A dyma fo! Y llyfr dach chi'n ddarllen rŵan.

MWY AM Y LLYFR

Mae Esyllt wedi sgwennu'r straeon. Ond dan ni wedi eu darllen nhw. Dan ni wedi siarad am y bobol yn y straeon ac am y pethau sy'n digwydd yn y straeon. Dan ni wedi trafod beth i **newid** yn y straeon. Mae Esyllt wedi gwrando arnon ni!

Mae pob math o bobol wahanol yn y llyfr yma! Pobol hapus, trist, ofnus, **ansicr**, **caredig** a **dewr**.

Mae pob math o bethau yn digwydd yn y llyfr. Pethau da a hapus a **doniol** a phethau **cas** ac **annifyr** hefyd.

Mae rhai o'r pethau wedi digwydd ond ffuglen ydy'r straeon yma.

Mae pob stori yn **sefyll ar ei phen ei hun**. Ond mae yna un peth yn **cysylltu** pob stori. Beth tybed? Rhaid i chi ddarllen i weld beth sy'n cysylltu pob stori!

Mae **sbardun sgwrs** ar ddiwedd y llyfr. Mae yna **gwestiynau** hefyd.

newid – *to change*	**ansicr** – *unsure*
caredig – *kind*	**dewr** – *brave*
doniol – *funny*	**cas** – *not nice, unpleasant*
annifyr – *unpleasant*	**sefyll** – *to stand*
ar ei phen ei hun – *on her own*	**cysylltu** – *to connect, to link*
sbardun sgwrs – *conversation starter*	
cwestiwn (cwestiynau) – *question(s)*	

Gobeithio byddwch chi'n cael hwyl yn eu hateb nhw. Gobeithio byddwch chi'n mwynhau siarad am y straeon.

Dyna ein hanes ni.

Dyna hanes y llyfr.

Diolch i chi am ddod aton ni heddiw.

Mwynhewch!

Andi, Anne, Julia, Fran, Christine, Barbara, Ann ac Esyllt

Gyda llaw, dan ni'n cael paned cyn **cychwyn** darllen bob tro!

---

cychwyn – *to start*

SEBON JOHN PWLL BRWYN

Mae John Pwll Brwyn yn hoffi canu.

Mae John Pwll Brwyn yn canu yn y car, yn canu yn yr ardd, yn canu yn y gegin a chyn i chi ddweud dim byd, ydy, mae John Pwll Brwyn yn canu yn y bath ac yn y **gawod** hefyd.

Mae canu yn gwneud i John deimlo'**n fyw**.

Mae canu a cherddoriaeth yn bwysig iddo fo, yn bwysig iawn a dweud y gwir. Rhaid **pwysleisio** hynny.

Mae John Pwll Brwyn yn ddyn prysur.

Mae o'n gweithio **ar ei liwt ei hun**. **Töwr** ydy o.

Mae llawer o adeiladwyr yn gofyn iddo fo weithio iddyn nhw. Mae John Pwll Brwyn yn **gweithio'n galed** ac yn dda yn ei waith. Mae John Pwll Brwyn yn **foi iawn**. Mae lot o **dynnu coes** yn digwydd gyda John Pwll Brwyn o gwmpas, mae digon o ganu yn digwydd hefyd.

'Ydy Pwll Brwyn yn stopio canu?' dwedodd Huw Tŷ Mawr, un o'r hogiau yn y gwaith.

'Ydy Dad yn stopio canu weithiau, Mam?' oedd cwestiwn

sebon – *soap*	**cawod** – *shower*
yn fyw – *alive*	**pwysleisio** – *to emphasize*
ar ei liwt ei hun – *self-employed*	**töwr** – *roofer*
gweithio'n galed – *to work hard*	**boi iawn** – *a good sort*
tynnu coes – *idiom: to tease (literally: to pull a leg)*	

Deio, mab John. Mae Deio wedi clywed John yn cau drws y car ac yn dod adre o'i waith yn canu'n braf.

'Mae Dad yn mynd i **forio canu** heno! Mae Alaw, **arweinydd** Côr y **Cewri** wedi ffonio. Mae Alaw isio i dy dad **ymuno** efo'r côr. Bydd Dad yn mynd i'r côr **tan ganu**, gei di weld!' **meddai** Emma, mam Deio a gwraig John.

A mynd tan ganu wnaeth John i'r côr. Côr **cymysg** ydy Côr y Cewri, yn cyfarfod bob nos Lun am 7.00 mewn **neuadd bentref** tua saith milltir o gartref John. 'Ew, mae dydd Llun yn ddiwrnod da,' dwedodd John. 'Mae'n gychwyn da i'r wythnos! Mae rhai pobol yn mynd i ioga ar nos Lun ond dw i'n mynd i'r côr!'

Roedd Alaw yn dewis caneuon da i'r côr. Caneuon fel 'Myfanwy' a 'Calon Lân', caneuon fel 'Stesion Strata' gan Tecwyn Ifan ac 'Anfonaf Angel' gan Robat Arwyn.

Hefyd mae Alaw yn **addasu caneuon** gan fand fel Yr Ods ac yn dewis caneuon gan Elidyr Glyn a Rhys Gwynfor.

'Dyna un **rheswm** pam mae pobol yn hoffi'r côr. Dyna un rheswm pam mae'r côr yn **cael gwadd** i ganu mewn cyngherddau ac mewn **digwyddiadau**,' dwedodd John ar ôl mynd adra o'r **ymarfer**.

morio canu – idiom: to sing one's heart out (literally: sail singing)	
arweinydd – choir leader, conductor	
cawr (cewri) – giant(s)	**ymuno** – to join
tan ganu – idiom: with a spring in his step (literally: whilst singing)	
meddai – said	**cymysg** – mixed
neuadd bentref – village hall	**addasu** – to adapt, to arrange
cân (caneuon) – song(s)	**rheswm** – reason
cael gwadd – to be invited	**digwyddiad(au)** – event(s)
ymarfer – practice; to practise	

Roedd pawb yn Côr y Cewri wedi rhoi croeso mawr i John.

'Braf dy weld. A diolch am ddod!' dwedodd Alaw.

'Ew, da iawn! Llais tenor? Dan ni isio tenor yn y côr,' dwedodd Llio Jones, **Cadeirydd** y Côr.

'Croeso, mêt!' dwedodd rhywun arall. Roedd John yn nabod y llais yna.

'Huw Tŷ Mawr, ti yn y côr hefyd? Ti'n canu!' dwedodd John mewn sioc.

'**Ydw, tad**! Dw i'n gwrando arnat ti yn canu drwy'r dydd **ar ben to**! Felly **waeth i mi** wrando arnat ti ar nos Lun hefyd. Mae angen Rhys Meirion a Pavarotti ar y côr 'ma!'

O, mae hyn yn dda, meddyliodd John. Mae pawb yn glên ac yn **groesawus** ac yn licio tynnu coes. Ac O! roedd o wrth ei fodd yn canu 'Anfonaf Angel' – roedd yr **alaw** yn fendigedig a'r geiriau'n dda.

'Mae Pwll Brwyn yn mynd i ganu "Anfonaf Angel" yn y gwaith rŵan,' dwedodd Huw. 'Dw i wedi blino ar Pwll Brwyn yn canu "Safwn yn y Bwlch"! Mae ben to yn lle da i **anfon** angel, mae'n siŵr! Mae 'na acwstics da ar ben to. A dyna le da i Pwll Brwyn a fi ymarfer cyn i ni fynd i'r **Ŵyl Ban Geltaidd** yn Iwerddon.'

★

Cadeirydd – *Chairperson*	
Ydw, tad – *yes ('tad' is used here to reaffirm) (literally: yes, Father / honest to God)*	
ar ben to – *on the roof*	**waeth i mi** – *I might as well*
croesawus – *welcoming*	**alaw** – *tune (Alaw is also a girl's name)*
anfon – *to send*	
Gŵyl Ban Geltaidd – *International Pan Celtic Festival*	

Oedd, roedd John yn edrych mlaen at ymarfer côr nos Lun ond ar ôl dau ymarfer dyma pethau'n newid.

Roedd yna un peth doedd o ddim yn licio. A dweud y gwir, roedd y peth yna'n gwneud John yn sâl, yn reit sâl.

Roedd Alaw wedi gofyn i John sefyll efo'r tenoriaid. Roedd hynny'n iawn. Ond roedd o'n gorfod sefyll wrth ymyl Idris Roberts.

Roedd John yn teimlo'n annifyr a doedd o ddim yn licio dweud dim byd.

Doedd John ddim yn licio sefyll wrth Idris. Pam? Wel, roedd Idris yn **drewi**. Roedd o'n hymian. Roedd o'n hymian ac yn hyming. Oedd Idris yn molchi? A dweud y gwir, nac oedd, dim llawer!

Un nos Lun, dyma fo'n mynd i'r ymarfer a ffiw! Hwrê! **Diolch byth**! Haleeeeliwia! Roedd Idris wedi **aros adra**.

Ond nos Lun wedyn roedd Idris yn yr ymarfer.

'Does gen i ddim digon o gopïau. Dach chi'n **medru rhannu** copïau os gwelwch chi'n dda?' gofynnodd Alaw.

Roedd rhaid i John rannu copi efo Idris!

O mam bach! Roedd yr **oglau** yn gwneud John yn sâl. A dweud y gwir, roedd o isio **taflu fyny**.

'Mae'r tenoriaid yn wan heno!' dwedodd Alaw. 'Be sy'n bod, John? **Annwyd**? **Dim hwyliau**? **Tân dani** rŵan, hogia, i ni gael

drewi – to smell, to stink	**Diolch byth** – Thank goodness
aros adra – to stay home	**medru** – to be able to
rhannu – to share	
O mam bach! – an exclamation – Oh my goodness!, good heavens!	
oglau – smell	**taflu fyny** – to throw up
annwyd – a cold	
dim hwyliau – idiom: not in good spirits, feeling downhearted	
tân dani! – idiom: Go! (literally: fire underneath)	

rhoi **sioe dda** yn yr Ŵyl Ban Geltaidd yn Iwerddon.'

Ar y ffordd adra yn y car roedd John yn dawel. Ddwedodd o ddim byd. Roedd o'n meddwl am yr oglau.

'Be sy'n bod arnat ti, John?' gofynnodd Emma ar ôl iddo gyrraedd adra. 'Be sy'n bod ar ogla **chwys**? Rwyt ti'n **dringo** i fyny ac i lawr **ystol** drwy'r dydd! Ti'n gwneud ffys.'

'Nac ydw, dw i ddim yn gwneud ffys! Mae ogla chwys ac **awyr iach** yn iawn. OND dw i'n styc yn y côr efo Idris Roberts. Mae'r boi **yn troi** arna i. Dw i ddim isio canu yn y côr 'na. A dw i ddim yn medru mynd i'r Ŵyl Ban Geltaidd yn Iwerddon.'

'**Callia**! A paid â gwneud ffys!' oedd ateb Emma. 'T'isio panad?'

★

Roedd y môr yn **llonydd**. Roedd Cymru yn **diflannu** ac Iwerddon a'r Ŵyl Ban Geltaidd yn aros am Gôr y Cewri.

'Dim canu rŵan!' dwedodd Alaw wrth bawb. 'Mi gewch chi ganu ar y ffordd yn ôl ond dim rŵan. Cofiwch hefyd – dim yfed Guinness! Mi gewch chi yfed Guinness ar ôl i ni **gystadlu**. Dyna'r *deal*.'

Ar ôl cael brecwast mawr, aeth rhai i fyny i'r dec. Roedd hi'n braf edrych ar y môr ac roedd John fel pawb arall yn yfed yr awyr iach.

sioe dda – *good show*	**chwys** – *sweat*
dringo – *to climb*	**ystol** – *ladder*
awyr iach – *fresh air*	
yn troi – *to turn / contextual meaning* – *to make someone heave*	
callia! – *wise up!*	**llonydd** – *still*
diflannu – *to disappear*	**cystadlu** – *to compete*

'Ew, tydy hyn yn wych, hogia,' meddai llais. Llais Idris Roberts. Roedd Idris yn sefyll rhwng Huw a John.

'O, mae'r môr yn fendigedig! Mae o'n llonydd braf,' dwedodd Idris eto a **phwyso** dros y reilings.

'John, mêt, mae gen i senario, mae gen i **sefyllfa** i ti rŵan. Mae gen i gwestiwn i ti,' dwedodd Idris.

'Iawn, awê!'

'Dyma fo. Dw i'n pwyso ar y reilings. Mae'r reilings yn **torri** a dw i'n **disgyn** i'r môr. Be wyt ti'n neud wedyn, John?'

'Mmmm, be dw i'n neud, Idris? Dyma be dw i'n neud! **Taflu lwmp o sebon ar dy ôl di**, Idris. Dyna dw i'n neud!'

pwyso – *to lean*	**sefyllfa** – *scenario, situation*
torri – *to break*	**disgyn** – *to fall*
taflu – *to throw*	**lwmp o sebon** – *a bar of soap*
ar dy ôl di – *after you*	

Y FAN WEN

Dydd Llun ydy hi. Dewch am dro i **Gwêl y Don**, Pwllheli. Mae hi'n ddiwrnod braf ym mis Mai ac mae Gwyneth Jones allan yn yr ardd yn **garddio**.

Yn sydyn, mae fan wen yn stopio wrth y tŷ. Mae dyn ifanc yn neidio allan o'r fan. Mae Gwyneth yn codi ei llaw ac yn cerdded at y fan.

Dyma'r **sgwrs**:
DYN Y FAN: Bore da. Ydw i yn Gwêl y Don?
GWYNETH: Ydach, tad! Dach chi yn Gwêl y Don!
DYN Y FAN: Mae gynnoch chi le braf yma. Wel, dyma ardd fendigedig! Dach chi'n gweld y môr hefyd. Mae'r môr yn fendigedig heddiw. Ew, mae hi'n braf, tydy, a'r haul yn gwenu!
GWYNETH: Diolch am yr haul.
DYN Y FAN: Ia, wir, diolch am yr haul.
GWYNETH: Ydy hi'n boeth yn y fan heddiw?
DYN Y FAN: Fel **popty**!
GWYNETH: O, dw i'n siŵr.
DYN Y FAN: Gwêl y Don ydy'r stop olaf heddiw.
GWYNETH: Adra wedyn, ia?
DYN Y FAN: Ia, adra â fi!
GWYNETH: O le dach chi'n dod?

Y Fan Wen – *The White Van*	
Gwêl y Don – **gwêl** – *see* / **ton** – *wave (literally: see the wave)*	
garddio – *to tend the garden*	**yn sydyn** – *suddenly*
sgwrs – *conversation*	**popty** – *oven*

DYN Y FAN: O le dach chi'n feddwl dw i'n dod?

GWYNETH: Ym... Porthmadog?

DYN Y FAN: Na! O le mae pobol glên yn dod? Pobol glên fel fi!

GWYNETH: (yn chwerthin) Llanrug?

DYN Y FAN: Na!

GWYNETH: O Gaernarfon? **Cofi Dre** dach chi?

DYN Y FAN: Na.

GWYNETH: Bangor! **Bangor Lad** dach chi?

DYN Y FAN: Na. **Trïwch** eto.

GWYNETH: Dw i'n gwybod. **How Get** dach chi? Dach chi'n dod o Fethesda!

DYN Y FAN: Nac ydw! Dw i ddim yn dod o Fethesda.

GWYNETH: Lle arall? Ym... beth am Ynys Môn?

DYN Y FAN: Na! Lle mae pobol glên yn byw?

GWYNETH: Dolgellau?

DYN Y FAN: Nage! Blaenau Ffestiniog siŵr iawn!

GWYNETH: O, Blaenau! Mae fy nheulu i yn dod o Flaenau Ffestiniog!

DYN Y FAN: Ac mae gen i deulu yn byw ym Mhwllheli hefyd!

GWYNETH: Oes wir! **Tewch â dweud!** Pwy felly?

DYN Y FAN: Sharon Penmynydd. Dach chi'n nabod hi? Mae hi'n canu lot...

GWYNETH: Ydy hi'n canu efo Côr y Cewri?

Cofi Dre / Bangor Lad / How Get – *Welsh nicknames*	
Cofi Dre – *the name for people from Caernarfon*	
Bangor Lad – *the name for people from Bangor*	
trïwch – *try*	**How Get** – *the name for people from Bethesda*
Tewch â dweud! – *idiom: You don't say!*	

DYN Y FAN: Ydy, dw i'n meddwl. Mae hi'n gweithio mewn **siop trin gwallt** yn y dre.

GWYNETH: O, dw i'n gwybod! Mae Sharon yn torri fy ngwallt i. Wel, wir! Sut mae Sharon yn **perthyn** i chi?

DYN Y FAN: Mae Sharon yn **gyfnither** i mi.

GWYNETH: Tewch â dweud! Mae Sharon yn perthyn i mi hefyd. Ar ochr ei mam. **Byd bach**!

DYN Y FAN: Ia, byd bach, ynte! Mae mam Sharon yn chwaer i Mam.

GWYNETH: **Argol fawr**! Dan ni yn perthyn felly! Byd bach iawn! Dach chi'n canu hefyd?

DYN Y FAN: Ydw, tad. Dw i'n **canu dros y lle** yn y fan wen! Mae Bryn Fôn yn canu efo fi bob dydd yn y fan!

GWYNETH: (yn chwerthin) Mae Bryn Fôn wrth ei fodd efo chi, mae'n siŵr!

DYN Y FAN: Reit, rhaid i mi **ei throi hi**. Dyma ddau barsel i chi.

GWYNETH: O, diolch. Braf eich cyfarfod chi a **siwrne** dda yn ôl i Flaenau Ffestiniog.

DYN Y FAN: Ia, Blaenau! Lle mae pobol glên fel fi yn byw! Hwyl, rŵan! **Cofiwch fi at** Sharon!

siop trin gwallt – *hairdresser's*	**perthyn** – *to be related, to belong*
cyfnither – *cousin (feminine)*	**byd bach** – *small world*
argol fawr! – *an exclamation – goodness me! / good gracious!*	
canu dros y lle – *to sing at the top of his/her voice (literally: to sing all over the place)*	
ei throi hi – *troi – to turn / idiom: to leave, to be on my way (literally: to turn it)*	
siwrne – *journey*	
cofiwch fi at – *give my regards to (literally: remember me to)*	

GWYNETH: A dweud fod pwy yn cofio ati hi?

DYN Y FAN: Bleddyn, hogyn Jane o Flaenau Ffestiniog.

GWYNETH: Iawn! Bleddyn yr hogyn clên a **hogyn** Jane o Flaenau Ffestiniog. Siŵr o neud. Hwyl fawr!

DYN Y FAN: Hwyl!

★

Dydd Mercher. Mae Gwyneth yn y siop trin gwallt. Mae hi'n eistedd yn y gadair ac mae Sharon yn trin ei gwallt.

'Wyt ti'n mwynhau dy wyliau, Gwyneth?'

'O, ydw, cofia. Argol, mae hi'n braf cael gwyliau.'

'Rwyt ti wedi cael lliw haul. Braf!'

'Garddio ydw i, **sti**. Dw i wrth fy modd yn garddio. Dw i allan trwy'r dydd.'

Mae Gwyneth yn cofio am Bleddyn, dyn y fan wen. Mae hi'n dweud yr hanes wrth Sharon. Ac wrth gwrs, mae hi'n dweud bod Bleddyn yn glên ac yn dipyn o **gês**.

Mae Sharon yn rhoi ei **siswrn** ar y troli. Mae hi'n edrych yn y **gwydr** ar Gwyneth ac yna mae hi'n dweud:

'Bleddyn o Flaenau Ffestiniog? Ia, hogyn Jane ydy Bleddyn. Mae Jane, mam Bleddyn, yn chwaer i Mam. Mae Bleddyn yn perthyn i mi. Mae o'n **gefnder** i mi. Cês, ia, Gwyneth? Wel a dweud y gwir mae Bleddyn yn **dipyn o foi**.

'Wnaeth o sôn am bêl-droed? Naddo mae'n siŵr! Dydy o ddim yn cael mynd i gemau pêl-droed. Dydy o ddim yn cael

hogyn (gogledd) – *boy*	**sti** – *you know (used to reaffirm)*
cês – *a case, a character*	**siswrn** – *scissors*
gwydr – *mirror, glass*	**cefnder** – *cousin (masculine)*
dipyn o foi – *Jack the lad (literally: a bit of a lad)*	

mynd i Anfield na Goodison Park yn Lerpwl, dydy o ddim yn cael mynd i Old Trafford. Dydy o ddim yn cael mynd i Wrescam, Porthmadog, Blaenau Ffestiniog na Nefyn chwaith. A dweud y gwir mae Bleddyn, hogyn Anti Jane, yn *thug* annifyr. Mae o'n licio **cwffio**. Mae o'n licio **cyllyll**. Mae o'**n beryg bywyd**. Dydy Bleddyn ddim yn foi neis. **Diawl mewn croen** ydy o.'

Mae Gwyneth yn edrych yn hir iawn ar Sharon. Mae ei cheg **yn agored** fel ceg **pysgodyn**.

Yna mae Sharon yn dweud:

'Mae o'n licio alcohol. Ond dydy alcohol ddim yn licio fo. Mae Bleddyn wedi bod **o flaen ei well** yn **Llys y Goron**. Dydy o ddim yn cael mynd i gemau pêl-droed. Un peth arall, oes gan Bleddyn basbort? Nac oes, does gan Bleddyn ddim pasbort rŵan. Mae pasbort Bleddyn gan yr heddlu.'

'Waw! Roedd o'n gês, Sharon!'

'Cês! Na, tydy Bleddyn ddim yn gês! Mae Bleddyn yn foi cas.

cwffio – *to fight*	**cyllell (cyllyll)** – *knive(s)*
yn beryg bywyd – *extremely dangerous (literally: a danger to life)*	
diawl mewn croen – *like the devil, the devil incarnate (literally: a devil in skin)*	
yn agored – *open*	**pysgodyn** – *fish*
o flaen ei well – *appearing before a court of law (literally: in front of his betters)*	
Llys y Goron – *Crown Court*	

Mae o'n foi peryg. Mae hanes Bleddyn yn **codi gwallt dy ben**! **Wir yr**.'

'Argol fawr! O, mam bach!'

'**Yn hollol** – o, mam bach! Beth am dorri'r gwallt 'ma rŵan?!'

---

codi gwallt dy ben – *idiom: hair-raising (literally: to lift the hair of your head)*

wir yr – *an exclamation – honestly! Take my word for it, believe what I'm saying*

yn hollol – *of course, exactly*

DOS I GANU!

Dw i'n **saer coed**.

Roedd fy nhad yn saer coed, roedd fy nhaid yn saer coed ac roedd fy **hen daid** yn saer coed!

Mae gweithio efo coed yn rhedeg yn y teulu.

Mae cariad at goed yn rhedeg yn y teulu hefyd.

Mae gen i **ddresel**. Dw i'n **meddwl y byd o**'r ddresel. Dresel fy hen daid ydy hi.

Mae hi'n ddresel **hardd** efo tair drôr a dau **gwpwrdd**.

Mae silffoedd arni hi. Tair silff i gyd.

Mae yna **lestri** glas ar ddwy silff. Llestri fy **hen nain** ydyn nhw. Dw i'n hoffi llestri fy hen nain. Ac wrth gwrs dw i wrth fy modd efo dresel fy hen daid.

Gwyn Saer, Gwyn Jones dw i a Gwyn Jones oedd enw fy hen daid hefyd. A Gwyn Jones, gyda llaw, ydy enw fy nhad ac enw fy nhaid hefyd! Ydy, mae'r enw Gwyn yn rhedeg yn y teulu!

Mae gen i lun o fy hen daid. Llun da ydy o. Mae gynno fo lygaid caredig ac mae ei lygaid yn gwenu yn y llun! Mae ei ddwy law ar ei **ben-glin**. Dwylo **crefftwr**. Dwylo da. Dwylo prysur gan ddyn prysur.

saer coed – *joiner, carpenter*	**hen daid** – *great grandfather*
dresel – *dresser*	**meddwl y byd o** – *idiom: to think the world of*
hardd – *beautiful*	**cwpwrdd** – *cupboard*
llestri – *china*	**hen nain** – *great grandmother*
pen-glin – *knee*	**crefftwr** – *craftsman*

Mae gan ein teulu ni **ddodrefn** gan y Gwyn Jones yma. Mae dresel gen i. Mae gan fy chwaer fwrdd ac mae gan fy mrawd **gist** a chadair.

'Dyn caredig oedd dy hen daid,' dyna ddwedodd fy nhaid. 'A rwyt ti'n debyg iddo fo, rwyt ti'n debyg i fy nhad a dw i'n hapus am hynny.' Ia, dyna ddwedodd Taid. Ac mae Taid yn garedig hefyd. Ydw i'n garedig fel Taid a fy hen daid? Dw i ddim yn siŵr.

Mae hi'n ddydd Sadwrn. Mae saer coed **isio llonydd** ar ddydd Sadwrn. Ond does dim llonydd i mi! Dw i'n mynd i dŷ Llinos bore 'ma. Mae Llinos yn ffrindiau efo Ffion, fy ngwraig. A dweud y gwir dw i ddim isio mynd, dw i wedi blino a dw i isio bod adra efo Ffion ac efo Gweno, fy merch fach. Ond dyna ni!

'Gwyn, plis wyt ti'n medru helpu? Mae Llinos a Cai isio **trwsio** pethau yn y tŷ. Mae Llinos a Cai yn ofnadwy am drwsio pethau. Plis, Gwyn? Yna, ar ôl dŵad adra, beth am i ti, fi a Gweno gael cinio yn y caffi newydd yn y dre?'

A dyna pam dw i yn y car rŵan yn mynd i dŷ Llinos. Ydy, mae Llinos yn ffrind i Ffion ond mae Llinos isio rhywbeth **o hyd**. Mae hi isio lot o bethau gan Ffion a dweud y gwir. Mae Ffion yn ffrind da i Llinos. Ond ydy Llinos yn ffrind da i Ffion?

Dw i ddim yn siŵr.

Beth bynnag, dw i'n mynd i helpu. Dw i'n hoffi gwrando ar Tudur Owen a Dyl Mei a Manon Rogers ar Radio Cymru ar fore Sadwrn. Maen nhw'n dda. Maen nhw'n hwyl. Mae 'na **diwns** da ar y rhaglen hefyd. Dw i'n teimlo'n well rŵan ac yn

dodrefn – *furniture*	**cist** – *chest, box*
isio llonydd – *to need space, to need a break*	
trwsio – *to mend*	**o hyd** – *all the time, constantly*
tiwn(s) – *tune(s)*	

edrych mlaen at fynd i gael cinio efo Sioned a Gweno **cyn bo hir**.

Dw i wedi cyrraedd. Mae Llinos yn aros wrth y giât. Mae Llinos yn gwenu'n braf.

'Hai, Gwyn. Tyrd i mewn. Mae Cai wedi mynd i siopa bwyd. Te neu goffi? Be wyt ti isio?'

'Coffi plis.'

'Ti isio llefrith?'

'Oes plis!'

Mae mygiau ar y bwrdd a'r **tegell** yn **berwi**. Mae coffi yn fy llaw yn syth.

'Dyma'r **rhestr**,' meddai Llinos.

Dw i'n edrych ar y rhestr. Jôc ydy hyn? Dw i'n edrych ar Llinos. Ond mae Llinos ar ei ffôn. Mae hi'n siarad am fynd i'r dre.

Dw i'n edrych ar y rhestr ac yna dw i'n edrych ar Llinos eto.

Mae hi'n rhestr hir. Mae'r rhestr yn hir fel fy mraich i! Jôc ydy hyn?

RHESTR GWYN – *Dydd Sadwrn, 6 Medi*

Y GEGIN

Trwsio drws y cwpwrdd o dan y sinc.
Rhoi washar newydd yn y tap.
Mae'r llawr **pren** *wrth y drws yn codi – glanhau a* **gludo**.

cyn bo hir – *before long*	**tegell** – *kettle*
berwi – *to boil*	**rhestr** – *list*
pren – *wood, wooden*	**gludo** – *to seal, to glue*

LOLFA
*Mae'r **ffrâm** llun wrth y lle tân wedi torri – trwsio'r ffrâm a rhoi y llun yn ôl ar y wal.*
*Rhoi silff newydd i fyny ar y wal **uwchben** y teledu.*

LLOFFT FFRYNT A LLOFFT YN Y CEFN
Rhoi rêl cyrtans i fyny.

YSTAFELL MOLCHI
Mae gen i wydr newydd – rhoi'r gwydr uwchben y sinc.
Mae cwpwrdd mewn flat pack *wrth y drws. Rhoi'r cwpwrdd o dan y sinc.*
Diolch,
Llinos
xxx

'Popeth yn iawn, Gwyn? Mae Cai wedi ffonio. Mae o yn y dre a dw i'n mynd i'r dre hefyd... mae 'na banad a bisgedi ar y bwrdd. Helpa dy hun.'

Dw i'n edrych ar Llinos yn **gwisgo ei chôt**. Dw i'n edrych ar Llinos yn codi ei bag a **goriadau**'r car. Dw i'n dweud dim byd.

'O, ia, Gwyn, ti isio gwrando ar y radio?'

Dw i'n dweud dim ond dw i'n edrych ar Llinos yn rhoi'r radio mlaen ac yna'n cerdded drwy'r drws. Dw i'n edrych ar y rhestr eto.

Dydy hyn ddim yn jôc! Mae Llinos yn **ddigywilydd**.

★

ffrâm – *frame*	**uwchben** – *above*
cefn – *back*	**gwisgo ei chôt** – *to put on her coat*
goriad(au) – *key(s)*	**digywilydd** – *cheeky, rude*

Mae hi'n hanner awr wedi pump a dw i ar fy ffordd adra. **Dw i mor flin**!

Dw i jest ddim yn credu hyn.

Mae geiriau Llinos yn fy mhen o hyd.

'Gwyn! Rwyt ti **dal yma**! Mae hi'n chwarter wedi pump! Dw i wedi bod yn y dre tan rŵan! Sori! Roedd Alaw, arweinydd Côr y Cewri, yna. O, **cesan** ydy hi. Mae hi isio i fi ymuno efo'r côr.'

'Ydw, dw i dal yma, Llinos!'

'**Faint sydd arna i i ti?** £10? Ydy hynny'n iawn...? O, mae'r bisgedi wedi mynd i gyd!'

Mae Llinos yn edrych ar y jar coffi **gwag** ar y bwrdd. 'O, mae'r coffi wedi gorffen,' meddai hi. 'A'r llefrith hefyd! **Bobol bach**! Rwyt ti wedi joio a chael te parti, on'd do! Felly ydy £5 yn iawn?'

Dw i'n dweud dim. Dw i mor flin.

'Grêt, Gwyn. Dyma £5 i ti... Ti'n **ffeind**, cofia... A dw'n cael ymuno efo Côr y Cewri. Da, 'te, Gwyn?'

'**Dos i ganu**, Llinos!' Dyna beth dw i'n ddweud yn fy mhen. Dw i isio **gweiddi** '**Dos i'r diawl**, Llinos!'

Dw i mor flin – *I am so cross*	**dal yma** – *still here*
cesan – *a case, a character (feminine)*	
Faint sydd arna i i ti? – *How much do I owe you?*	
gwag – *empty*	
Bobol bach! – *an exclamation – good heavens! (literally: small people)*	
ffeind – *kind*	
Dos i ganu! – *away with you! Get lost! (literally: go and sing)*	
gweiddi – *to shout*	
Dos i'r diawl! – *go to hell! (literally: go to the devil)*	

Mae hi'n hanner awr wedi pump ar bnawn dydd Sadwrn a dw i dal yma. A dw i ddim wedi cael cinio chwaith.

Mae'r geiriau yn **sgrechian** yn fy mhen.

Ond mae **fy nghalon** i'n dweud 'Dos adra, Gwyn, a paid â dweud dim byd.'

Dw i ar fy ffordd adra. Dw i ddim isio mynd i dŷ Llinos byth eto.

Dw i ddim yn mynd i dŷ Llinos byth eto.

Mae un peth yn wir – dw i ddim yn debyg i fy nhad, fy nhaid na fy hen daid, na, dw i, Gwyn Jones saer, ddim yn foi ffeind.

---

sgrechian – *to scream*

fy nghalon – *my heart*

CAFFI DRE

Bore da! Dewch i mewn! Croeso i Gaffi Dre! Mae hi'n ddydd Sadwrn a dyma pwy sy yn y caffi bore 'ma:

Carys: **perchennog** y caffi
Rhian a Sioned: partneriaid
Emrys: ffrind tad a mam Sioned
Amira a Bahir: mam a mab

Mae Caffi Dre yn gaffi prysur. Mae **awyrgylch** arbennig yn Caffi Dre, diolch i Carys, perchennog y caffi. Mae gan Carys steil.

Mae Carys wedi troi hen siop gemist y dre yn gaffi **cyffyrddus** a diddorol.

Mae digon o le yn y caffi i bobol a grwpiau gyfarfod a chael sgwrs. Grwpiau fel '**Traed** Bach' i **rieni** a phlant bach, 'Darllen da' i bobol y clwb darllen a 'Siarad' i bobol sy'n dysgu Cymraeg. Hefyd mae'r grŵp 'Ymlacio efo Ioga' yn cyfarfod yn Caffi Dre. Mae digon o le yma!

Mae silffoedd pren y cemist ar y wal o hyd. Ar y silffoedd mae bagiau coffi a mygiau **lliwgar**.

Mae dewis da ar **fwydlen** y caffi ac mae'r bwyd yn **flasus**.

★

perchennog – *owner, proprietor*	**awyrgylch** – *ambience*
cyffyrddus – *comfortable*	**troed (traed)** – *foot (feet)*
rhiant (rhieni) – *parent(s)*	**lliwgar** – *colourful*
bwydlen – *menu*	**blasus** – *tasty*

Mae hi'n 10 y bore ac mae Rhian yn cerdded drwy'r drws. Mae hi'n mynd i eistedd wrth fwrdd y ffenest. Ar ôl setlo mae hi'n sgrolio ar ei ffôn.

Wrth y drws mae bwrdd **crwn**. Mae criw o ddynion yn eistedd o gwmpas y bwrdd. Maen nhw'n mynd i'r caffi bob dydd Sadwrn i gael paned a thost a **rhoi'r byd yn ei le**.

Rhoi'r byd yn ei le efo paned o de!

Mae yna bostmon, **adeiladwr**, mecanic, **gyrrwr lorri**, athro a dau ffermwr yn eistedd o gwmpas y bwrdd. Mae papur newydd ar ganol y bwrdd. 'Mae hyn yn ofnadwy!' meddai'r adeiladwr a dangos un llun yn y papur.

Wrth y cownter mae bwrdd arall. Mae mam a'i hogyn bach yn eistedd wrth y bwrdd. Dyma Amira a Bahir. Maen nhw'n edrych ar y fwydlen ac yn siarad.

'Mi ges i lemonêd pinc dydd Sadwrn diwetha. Ga i lemonêd pinc eto heddiw plis, Mam?'

'Cei. Dw i isio *latte*. A beth am gael rhywbeth i fwyta hefyd – mae hi'n ddydd Sadwrn, tydy.'

★

Yna, am 10.45 mae Sioned yn cerdded i mewn i'r caffi.

Mae Sioned yn teimlo'n dda ac yn iach. Mae Sioned yn ferch

---

crwn – *round*

rhoi'r byd yn ei le – *idiom: to put the world to rights (literally: to put the world in its place)*

adeiladwr – *builder* **gyrrwr lorri** – *lorry driver*

brysur. Roedd hi yn y **Ganolfan Hamdden** mewn **sesiwn ffitrwydd** am 8.30. A rŵan mae hi yn mynd i gael coffi efo Rhian. Partner Sioned ydy Rhian. Mae Sioned yn **stopio'n stond** wrth y drws. Mae hi wedi gweld un o'r dynion. Mae o'n codi llaw ac mae Sioned yn mynd at y dyn.

'Bobol bach! Emrys! Sut dach chi ers talwm?'

'Dw i'n dda iawn, diolch.'

'Braf iawn eich gweld. Dach chi'n well, Emrys?' meddai Sioned.

'Ydw, cofia. Dw i'n cerdded yn iawn rŵan, sti.'

'Da iawn.'

'A sut wyt ti? Mae'n braf dy weld... mae'n braf dy weld yn gwenu... mae'r byd yma'n anodd, tydy, Sioned bach.'

'Ydy, mae o. Ac ydw, dw i'n iawn, Emrys, diolch i chi am ofyn.'

'Dw i'n **falch**, Sioned.'

Mae Emrys yn falch o weld Sioned. Roedd o'n ffrindiau mawr efo tad a mam Sioned.

'Roedd gen i feddwl y byd o dy fam a dy dad. Roedd dy fam a dy dad a fi'n fêts.'

'Yn dipyn o fêts.'

'Hen bobol iawn. **Halen y ddaear**. Wyt ti'n cofio dy fam a dy dad a fi yn mynd i...?'

'Blackpool! Ydw, dw i'n cofio'n iawn!'

'Amser da! Lot fawr o hwyl... braf dy weld... a **dal ati**, Sioned.'

canolfan hamdden – *leisure centre*	
sesiwn ffitrwydd – *fitness session*	
stopio'n stond – *to stop instantly*	**balch** – *glad, pleased*
halen y ddaear – *salt of the earth*	**dal ati** – *to keep it up, to keep going*

'Braf eich gweld chi, Emrys,' meddai Sioned a gwenu a rhoi ei llaw ar fraich Emrys.

★

'Sioned! Sioned!'

Mae Sioned yn troi ac yn mynd yn syth at y bwrdd wrth y cownter ac yn dweud,

'Wel, mae hi'n fore sbesial! Dw i'n gweld pobol sbesial bore 'ma! Sut wyt ti, Bahir? Wyt ti'n licio lemonêd pinc?'

'O, ydw.'

Yna, mae Carys, perchennog y caffi, yn cyrraedd y bwrdd. Mae hi'n cario *latte* a **chacen foron**.

'Bore da, Sioned. Dyma **newyddion da** i ti – mae Amira yn canu yn Côr y Cewri rŵan. Wyt ti'n **dod yn ôl** i'r côr?'

Mae Amira yn dweud,

'Wyt ti isio dŵad i'r côr, Sioned? Rwyt ti'n medru cael lifft i'r ymarfer côr efo fi.'

'Dw i ddim yn siŵr... ar ôl yr haf... ella... a diolch, Amira,' meddai Sioned.

'Syniad da! Cael lifft i'r côr efo Mam! Mae Mam isio i chi fod yn hapus, Sioned,' meddai Bahir.

Mae Amira yn rowlio ei llygaid ac yn dweud, 'Bahir, beth am yfed y lemonêd pinc yna.'

Mae Sioned yn gwenu. Yna, mae hi'n codi ei **phwrs** ac yn rhoi dwy bunt i Bahir ac yn dweud, 'Dyma ti!'

'Tydy Sioned yn ffeind! Be ti'n ddweud?'

'Diolch, Sioned. Mae Mam yn dweud o hyd "mae Sioned yn ffeind". Hefyd mae Mam yn dweud...'

---

cacen foron – *carrot cake*	**newyddion da** – *good news*
dod yn ôl – *to come back, to return*	**pwrs** – *purse*

'Bahir! Beth am yfed y lemonêd yna?'

Mae Amira yn rowlio ei llygaid eto ac mae hi a Sioned yn chwerthin.

Mae Rhian yn eistedd wrth fwrdd y ffenest.

Mae'r ffôn yn ei bag ac mae hi'n edrych ar Carys, Sioned, Amira a Bahir ac yn gwenu.

Wedyn ar ôl i Sioned eistedd **gyferbyn â** Rhian, mae Rhian yn rhoi ei llaw ar law Sioned ac yn dweud, 'Mae pawb yn falch o dy weld yn y caffi bore 'ma. A dw i wrth fy modd wrth gwrs... beth am gael cinio bore 'ma a beth am fynd am dro pnawn 'ma cyn mynd adre?'

★

Mae hi bron yn 12.00 **erbyn hyn**. Mae Amira a Bahir wedi mynd ac mae'r bwrdd crwn wrth y drws **yn wag**. 'Rhaid i ni feddwl am fynd hefyd, mae'n siŵr,' meddai Rhian.

'Dw i'n mynd i dalu'r bil,' meddai Sioned. 'Dos di i **nôl** y car.'

Yna mae Sioned yn mynd at y cownter ac yn gofyn,

'Ga i dalu plis, Carys? Faint ydy'r bwyd?'

'Does dim rhaid i ti dalu.'

'Beth? Wel, oes, siŵr iawn, mae'n rhaid i mi dalu!'

'Na. Mae Emrys wedi talu am dy ginio di a Rhian.'

'Beth? Ydy Emrys wedi talu am y cinio? Argol fawr!'

'Roedd o'n meddwl y byd o dy fam a dy dad... ac roedd o'n dweud, "Mae hi'n braf gweld Sioned yn gwenu" a Sioned, dw

gyferbyn â – *opposite*	**erbyn hyn** – *by now*
yn wag – *empty*	**nôl** – *to fetch*

i'n **cytuno**, mae hi'n braf dy weld yn gwenu eto, cofia. A Sioned, ti'n **hogan** ffeind. **Bydd yn ffeind efo ti dy hun** hefyd.'

Mae hi'n 12.00 ac mae 'bydd yn ffeind efo ti dy hun' yn troi rownd a rownd ym meddwl Sioned wrth gerdded o Gaffi Dre i'r car.

cytuno – *to agree*	**hogan (gogledd)** – *girl*
bydd yn ffeind efo ti dy hun – *be kind to yourself*	

SIÂN A GARETH

Dyma Siân.
    Mae Siân yn byw yn **yr un dref** â chi.
    Mae Siân yn byw yn yr un pentref â chi.
    Mae Siân yn byw yn yr un stryd â chi.
    Mae Siân yn byw yn yr un **stad** â chi.
    Mae Siân yn byw yn yr un **teras** â chi.
    Mae Siân yn byw gyferbyn â chi.
    Ydy, mae Siân yn byw drws nesa i chi. Dach chi'n nabod Siân?

Dyma Gareth.
    Mae Gareth yn byw yn yr un dref â chi.
    Mae Gareth yn byw yn yr un pentref â chi.
    Mae Gareth yn byw yn yr un stryd â chi.
    Mae Gareth yn byw yn yr un stad â chi.
    Mae Gareth yn byw yn yr un teras â chi.
    Mae Gareth yn byw gyferbyn â chi.
    Ydy, mae Gareth yn byw drws nesa i chi. Dach chi'n nabod Gareth?

★

---

yr un dref – *the same town*   **stad** – *estate*
teras – *terrace*

Bore Gwener, mae hi'n 8.15. Dewch i mewn i dŷ Siân a Gareth. Dyma'r gegin. Mae Radio Cymru ymlaen. Mae Dyfed a Loti yn eistedd wrth y bwrdd yn bwyta brecwast. Mae Dyfed yn saith oed a Loti yn bump oed. Mae Siân yn sefyll wrth ymyl y sinc.

Mae Gareth yn dod i mewn i'r gegin. Mae'n **diffodd** y radio. Mae'n sefyll y tu ôl i Siân ac yn dweud, 'Swper am saith o'r gloch heno, Siân. Dim tecawê. A dim cig – rhaid i ni **fwyta'n iach**! **Corff iach** – meddwl iach! Un peth bach arall, dw i isio sgwrs heno, Siân. Dw i isio sgwrs yn syth ar ôl swper. Iawn, Siân?'

Mae Dyfed a Loti yn stopio bwyta. Mae Loti yn edrych ar ei mam.

Yna mae Gareth yn dweud, 'Mmmm, lle mae goriadau'r car? Dydy'r goriadau ddim yma! Rhyfedd! Siân, lle mae'r goriadau? Ydy'r goriadau yn dy fag di eto? Ydy'r goriadau yn dy gôt di eto?'

Mae côt Siân ar y soffa. Mae Gareth yn edrych ym **mhoced** y gôt.

'Na, dydy'r goriadau ddim yma.'

Mae Gareth yn gweld bag Siân ar y bwrdd. Mae'n rhoi ei law yn y bag.

'O, dyma ni! Y goriadau! O, Siân bach, rwyt ti'n **flêr**. Yn flêr iawn.'

Mae Gareth yn mynd at Dyfed a Loti ac yn dweud, 'Mae Mam yn flêr ac yn **anghofus**. Rhaid i chi gadw llygad ar Mam. Reit, dw i'n mynd i weithio rwân. Hwyl i chi yn yr ysgol. A

diffodd – *to switch off, to turn off*	
bwyta'n iach – *to eat a healthy diet*	
corff iach – *healthy body*	**poced** – *pocket*
blêr – *untidy*	**anghofus** – *forgetful*

hwyl i ti, Siân. Cofia, dw i isio sgwrs heno yn syth ar ôl swper. Iawn, cariad?'

Mae Gareth yn mynd drwy'r drws. Mae Siân yn edrych drwy'r ffenest ar Gareth yn agor drws y car ac yn mynd i'r gwaith.

★

Dydd Gwener, mae hi'n 10.00 o'r gloch.

Mae Siân yn y tŷ. Ping. Mae **neges** yn cyrraedd ar ei WhatsApp. Mae'n codi ei ffôn. Mae sgrin y ffôn yn **graciau** i gyd. Dydy Siân ddim isio darllen y neges. Yna mae'r ffôn yn canu. Dydy hi ddim isio ateb y ffôn. Mae'r ffôn yn canu eto ac eto. Yna mae hi'n ateb.

'Siân, wyt wedi colli dy ffôn eto? Dim ond tsiecio sut wyt ti, cariad... wyt ti'n paratoi swper? O, dw i'n edrych mlaen at swper heno! Helôôô, Siân, wyt ti yna? Ateb fi, cariad.'

'Ydw, dw i yma.'

'Siarad **yn uchel** rŵan, Siân! Digon o lais! Wyt ti yna?'

'Ydw, dw i yma.'

'O, da iawn ti. Ti'n brysur, dw i'n siŵr. Mae hi'n ddydd Gwener ac mae gen ti lot o waith i wneud cyn y penwythnos. Cofia, dw i'n hoffi tŷ **glân** ar ddechrau'r penwythnos! "Tŷ glân, **meddwl clir**", Siân... Helô, Siân, wyt ti yna? Ateb fi.'

'Ydw, dw i yma.'

'Da iawn ti. Hwyl rŵan, cariad.'

★

neges – *message*	**crac(iau)** – *crack(s)*
yn uchel – *loudly*	**glân** – *clean*
meddwl clir – *a clear mind*	

Dydd Gwener, mae hi'n 10.15.

Mae Siân yn edrych ar y ffôn yn graciau i gyd. Mae hi'n cofio sŵn **esgid** Gareth ar y ffôn ar deils y gegin. Mae hi'n cofio Gareth yn dweud,

'Beth ydy hyn? Ffôn newydd, Siân! Wel, wir! Dyfed a Loti – edrychwch be mae Mami wedi wneud! Prynu ffôn newydd! Dydy Mami ddim **i fod i** brynu pethau **drud** fel ffôn. Mae Dad isio prynu pethau i Mami. Mae Dad isio sboilio Mami. O, mae Dad yn hoffi sboilio Mami.'

Yna, mae Siân yn edrych ar y ffrij. Mae hi'n cofio llais tawel Gareth yn dweud,

'Pam mae'r botel Fairy Liquid wedi symud o'r cwpwrdd i'r ffrij? Pam mae'r tuniau *baked beans* a'r bagiau te a'r siwgr yn y ffrij? Siân, edrych – mae goriadau'r car yn y ffrij! Mmmm, mae hyn yn... ofnadwy... a paid â dweud dim byd. Dw i yma i helpu, Siân. Ydw, wir, dw i yma i helpu. Dyfed a Loti, sbïwch, mae Mami yn rhoi goriadau yn y ffrij! O, Mami wirion! Mae hi isio help ac mae Dad yn mynd i helpu Mami. Mae Dad yn dda am helpu.'

Mae Siân yn edrych ar y dillad yn cadw'n gynnes ar blât y Rayburn. Mae hi'n cofio dwylo Gareth yn codi'r dillad ac yn dweud, 'Mae'r dillad wedi **plygu'n flêr**. Twt twt, Siân! Mae angen **trefn** yma!'

Mae Siân yn edrych ar y bocs bach glas ar y bwrdd. Mae hi'n cofio llais Gareth yn gweiddi, 'Loti, Dyfed, dewch yma! Mae Dad wedi prynu presant i Mami.' Mae hi'n cofio Gareth yn agor

---

esgid – *shoe*	**i fod** – *supposed to*
drud – *expensive*	**plygu'n flêr** – *to fold in an untidy manner*
trefn – *order, neatness*	

y bocs. Mae hi'n cofio Gareth yn rhoi'r **fodrwy** ar ei bys ac yn dweud, 'Tydy Dad yn ffeind yn prynu modrwy i Mami. Mae'r fodrwy yn dweud "Dadi **piau** Mami am byth". Da, 'de. O, mae Dad yn caru Mami.'

Yna, mae'r ffôn yn canu eto. Mae Siân yn ateb y ffôn ac yn dweud, 'Camera? Dydd Iau nesa?... Ocê – sgwrs ar ôl swper.'

★

Dydd Gwener, mae hi'n 11.30.

Mae sŵn car yn y dreif ac mae Siân yn edrych trwy'r ffenest. Car Menna ydy o. Ffrind Siân ydy Menna.

Mae Menna yn mynd i mewn yn syth i'r gegin. Mae bag plastig yn ei llaw.

Mae Siân yn eistedd ar y soffa. Mae Siân yn **crio**.

'Beth sy wedi digwydd?' meddai Menna. Mae Siân yn dweud wrth ei ffrind.

'Be nesa, Siân! Mae Gareth yn mynd i brynu camera CCTV! Isio "cadw llygad ar y tŷ"! Nac ydy, siŵr! Dyma dric **slei** arall gan Gareth. Mae Gareth isio gwybod pwy sy'n dod i'r tŷ. Ac mae o isio cadw llygad arnat ti. Llygad Gareth ydy llygad y camera!'

'Dw i'n gwybod ond...'

'Ond be? Mae angen i ti fynd o'r tŷ yma.'

'Dw i'n gwybod ond...'

'Ond be?'

'Be am y plant?

'Dan ni wedi siarad am hyn. Mae popeth yn iawn. Mae popeth

modrwy – *ring*	**piau** – *to own*
crio – *to cry*	**slei** – *sly*

yn barod. Plis, Siân. Mae Gareth yn codi ofn arna i. Mae hyn fel ffilm. Ac mae fy ffrind gorau yn actio yn y ffilm!'

'Dw i'n gwybod.'

'Oes gen ti fwy o ddillad i mi? Mae dy gôt las, dwy jympyr, treinyrs gwyn, **crysau T** a dwy **ffrog** gen i. Rwyt ti isio mwy o ddillad, sti...'

'Maen nhw'n barod. Ac mae gen i gardiau banc i ti hefyd. Llinos, mae gen i ofn, mae gen i ofn i Gareth ofyn lle mae'r gôt las a'r treinyrs. Dw i'n meddwl weithiau, mae Gareth yn gwybod, mae Gareth yn **amau**.'

'Mae pedwar diwrnod tan ddydd Mawrth. Mae gen ti benwythnos. Mae Gareth efo ymarfer côr nos Lun ac wedyn mae hi'n ddydd Mawrth. Tria **ddal** tan hynny. Tria **dy orau glas** i ddal tan ddydd Mawrth, Siân.'

★

Dyma Siân a Gareth.

Mae Siân a Gareth yn byw yn yr un dref â chi.

Mae Siân a Gareth yn byw yn yr un pentref â chi.

Mae Sian a Gareth yn byw yn yr un stryd â chi.

Mae Siân a Gareth yn byw yn yr un stad â chi.

Mae Siân a Gareth yn byw yn yr un teras â chi.

Mae Siân a Gareth yn byw gyferbyn â chi.

Mae Siân a Gareth yn byw drws nesa i chi. Dach chi'n nabod Siân a Gareth?

crys(au) T – *T shirt(s)*	**ffrog** – *dress*
amau – *to doubt*	**dal** – *to hold (on)*
dy orau glas – *idiom: your very best (literally: your blue best)*	

LLOND BOL

Dw i isio sgrechian dros y lle! **DIGON YW DIGON**!
Pam?
Dyma pam.

★

Ar y Stryd
Dw i'n cerdded lawr y stryd a dw i'n gweld Elen. Mae hi'n **berchen** siop yn y dre.

'Helô, Dawn! Sut wyt ti **ers tro**? Wyt ti'n byw adre rŵan?'

'Problem?' Dyna dw i isio ddweud. Ond dw i'n dweud, 'Ydw, dw i'n byw adre.'

Mae Elen yn edrych i fy llygaid ac yn dweud, 'Anodd, dw i'n siŵr, Dawn. Ydy hi'n anodd byw adre eto?'

Dw i isio ateb ond mae Elen yn dweud, 'Mae Mari ni yn brysur. Mae hi'n tecstio ac yn ffonio o hyd. Mae hi'n cael ei phen-blwydd dydd Llun. Mae hi'n cael ei phen-blwydd yr un diwrnod â ti, tydy.'

Mae hi'n dal i edrych i fy llygaid ac yn dweud, '31 oed! Wel, wir! Mae amser yn mynd. A rwyt ti'n byw adre! Reit, rhaid i mi fynd! Gwaith yn galw! Cofia fi at dy fam a dy dad!'

Dw i'n cerdded i lawr y stryd a dw i'n meddwl. Ydw, dw i'n

llond bol – *bellyful, gutful*	
digon yw digon – *idiom: enough is enough*	
perchen – *to own*	**ers tro** – *for a while*
mae hi'n dal i – *she continues to*	

31 oed. Mae **dyddiau coleg** yn bell yn ôl. Dw i'n byw adre eto. A dw i'n licio adre. Mae hi'n braf yma. Dw i'n nabod y lle yma a dw i'n nabod pobol y lle. Ydw, dw i'n nabod nhw. Dw i'n nabod nhw'n dda iawn.

Caffi Dre: Bore Sadwrn
O na! Dyma Mr Dewi Roberts.
 'Bore da, Dawn, sut dach chi? Dach chi'n gweithio yn fan hyn rŵan? Oes gynnoch chi waith arall? **Gwaith go iawn**?'
 Gwaith go iawn! Beth ydy gwaith go iawn?! Athro? Nyrs? Doctor? **Cyfreithiwr**? **Rheolwr Prosiect**? Dyna dw i isio ddweud ond dw i'n dweud,
 'Sut dw i'n medru helpu chi, Mr Jones? Paned o de a **dropyn** o lefrith?'
 'Ia, dyna chi, Dawn. **I'r dim**.'
 Dw i'n gweld Mr Dewi Roberts yn edrych ar y bobol yn cario matiau i'r ystafell ioga. Mae o'n edrych eto arna i ac yn dweud,
 'O, mynd i'r dosbarth ioga dach chi, siŵr iawn, Dawn! Ew, da dach chi! Gweithio yn y caffi ac yn rhoi gwersi ioga, ia?'
 Dw i'n dweud,
 '£1.50 os gwelwch yn dda, Mr Roberts.'
 Yna dw i'n dweud,
 'Dach chi isio **benthyg** mat? Mae matiau yn y gornel yn fan acw.'
 Mae Mr Dewi Roberts yn chwerthin ac yn dweud,
 'Dach chi'n gês, Dawn!'

dyddiau coleg – *college days*	**gwaith go iawn** – *real work*
cyfreithiwr – *solicitor*	**rheolwr prosiect** – *project manager*
dropyn – *a drop*	**i'r dim** – *excellent, fine*
benthyg – *to borrow*	

Caffi Dre: Prynhawn Sadwrn

Mae'r criw ioga wedi mynd ac mae hi'n dawel yn y caffi.

'Dos i gael paned,' meddai Carys, perchennog y caffi.

Dw i'n eistedd wrth y bwrdd wrth y drws yn cael paned. Dw i'n edrych ar y poster ar y wal. Poster am gyngerdd gan Gôr y Cewri ydy o.

Yna dw i'n **rhewi**.

Dw i ddim yn medru credu hyn! Mae hyn wedi digwydd eto!

Mae rhywun yn **gafael** yn fy ngwallt. Mae rhywun yn teimlo fy ngwallt. Mae rhywun yn **rhoi o bach** iddo fo.

Mae rhywun dw i ddim yn nabod yn dweud, '*Lovely texture. Is it real?*'

Dw i'n troi rownd yn sydyn. Dw i isio dweud, 'Mae yna hogan wrth y bwrdd ffenest. Mae gynni hi wallt hir melyn. Dach chi'n mynd i afael yn ei gwallt hi hefyd?'

Ond dw i'n dweud, 'Argol fawr' ac yn **ysgwyd** fy mhen.

'Waw! Wyt ti'n gallu siarad CYMRAEG?'

Mae Carys wrth y cownter. Mae hi'n **dweud yn uchel**, 'Mae'r caffi yma **WEDI CAU**.'

'Pedwar o'r gloch mae'r caffi'n cau,' meddai rhywun.

'Mae'r caffi wedi cau,' meddai Carys eto.

A dw i'n dweud, 'Hwyl fawr.'

A dyna ni.

rhewi – *to freeze*	**gafael** – *to hold*
rhoi o bach – *to caress*	**ysgwyd** – *to shake*
dweud yn uchel – *to say out loud*	**wedi cau** – *has closed*

Yn y Fic: Nos Sadwrn

Mae hi'n nos Sadwrn a dw i'n agor drws y Fic.

'Dawn!'

Llais mawr Tom.

'Wyt ti ar ben dy hun?'

'Nac ydw! Rwyt ti yma.'

Mae Tom yn chwerthin dros y lle.

'Ga i brynu diod i ti?'

'Diolch, Tom. Peint plis. Carling.'

Mae Tom yn hen foi iawn. Mae mewn hwyliau da o hyd ac mae Tom a fi'n ffrindiau. Mae Tom yn caru cerdded a **mynydda**. Fel fi. Mae o wedi cerdded 100 **copa uchaf** Cymru ac mae o isio **trefnu** taith gerdded arall. Dw i'**n glustiau i gyd**!

'Wel, **wyt ti'n gêm?**' meddai Tom.

Ac wrth gwrs dw i'n gêm. Mae Tom isio trefnu taith i'r Himalayas. Dw i wrth fy modd yn gwrando ar ei **syniadau**. Mae Tom yn dda am wneud gwaith cartref. Mae o wedi cael llefydd i aros. Mae o wedi cael arweinydd i **arwain** y daith. Mae o wedi cael pris bws mini i'r **maes awyr**. Mae Tom wedi meddwl am bopeth.

'Dw i'n gêm. Peint arall?'

Mae Tom a fi'n chwerthin ac yna mae'r drws yn agor. Mae criw o ferched yn dod i mewn. Mae Elen yn y criw. Mae Elen yn gwneud *beeline* am y bar. Mae hi'n edrych arna i. Mae hi'n edrych ar Tom.

mynydda – *mountaineering*	**copa uchaf** – *highest peak*
trefnu – *to organise*	**yn glustiau i gyd** – *idiom: all ears*
wyt ti'n gêm? – *idiom: are you game?, are you up for it?*	
syniad(au) – *idea(s)*	**arwain** – *to lead*
maes awyr – *airport*	

Dw i'n gweld meddwl Elen yn troi **ffwl sbid.** Yna mae hi'n dweud, 'Helô, Dawn! Braf dy weld di eto. Helô, Tom. Braf dy weld di hefyd. Dyna sypréis neis!'

Mae Tom yn gweld meddwl Elen yn troi ffwl sbid hefyd.

Dw i'n nodio 'mhen. Dw i'n gwenu. Dw i'n dweud dim.

Yna, mae Elen yn mynd at ei ffrindiau. Dw i'n clywed hi'n dweud, 'Mae gan Dawn gariad. Mae o efo hi heno. Mae pawb isio cariad, **toes**.'

A dyna ni.

★

A dyna ni?!

Dw i wedi cael llond bol!

Digon yw digon!

Ga i ddweud hyn? Dyma fi. Dawn Hughes. Dw i'n 31. Dw i'n byw adre. Dw i'n gweithio. Dw i'n ddu. Dw i'n sengl a dw i'n ocê, diolch yn fawr iawn. **Dallt**!

---

ffwl sbid – *as fast as something or someone can go, at full speed*

toes – *don't they, doesn't she etc.*   **dallt (deall)** – *to understand*

CAR TRYDAN

'Rhaid i ni gael car trydan,' dwedodd Alun.

'Car trydan!' atebodd Rhian.

'Ia, car trydan. Rhaid i ni werthu ein car diesel ni. Rhaid i ni newid ein ffordd o fyw.'

'Oes, rhaid i ni newid ein ffordd o fyw ond...' meddai Rhian.

'Ond be, Rhian?' dwedodd Alun.

'Dim byd am rŵan! **Dal ati i siarad**!'

Mae Rhian yn nabod Alun. Mae Rhian yn nabod Alun yn dda iawn. Mae Alun wedi bod mewn cyfarfod yn neuadd y pentref. Mae Rhian yn edrych ar y cloc. Mae hi'n chwarter wedi wyth, mae hi'n meddwl. Mae Alun yn mynd i siarad am y cyfarfod am hanner awr dda. Mae Alun yn dod â phot o de a dwy gwpan at y bwrdd. Mae'n cychwyn siarad ac mae Rhian yn gwrando.

'O, roedd o'n gyfarfod da, Rhian! Roedd dynes 34 oed yn siarad efo ni. Roedd hi wedi prynu car newydd. Nissan Leaf. Car **ysgafn fel deilen**! Dyna enw da ar gar trydan. Wyt ti'n cytuno?'

'Ydw.'

'Roedd y Nissan wedi'i barcio tu allan i'r Neuadd.'

'Oedd?'

'Oedd. Car da ydy Nissan Leaf – dydy o ddim yn rhedeg ar betrol na diesel. Dyma'r ffordd ymlaen, Rhian. Rhaid i ni

---

car trydan – *electric car* **dal ati i siarad** – *to keep talking*
ysgafn fel deilen – *as light as a leaf*

gael car trydan! Rhaid i ni fyw yn wyrdd! Rhaid i ni feddwl am **ddyfodol ein plant** a phlant ein plant.'

'Oes rhaid **tsiarjio** car trydan?'

'Oes.'

'Am faint o amser? Awr? Dwy awr?'

'Pump awr.'

'Pump awr! Lle wyt ti'n mynd i tsiarjio'r car, Alun?'

'**O flaen** y tŷ.'

'O flaen y tŷ! Sut wyt ti'n mynd i tsiarjio'r car o flaen y tŷ?'

'Parcio'r car o flaen y tŷ a rhoi **pwynt cyswllt** i'r garej. Hawdd! Rhaid i ni fyw yn wyrdd, Rhian. Rhaid i ni **wneud gwahaniaeth**.'

'Aros funud! Parcio'r car o flaen y tŷ! Dw i isio edrych ar yr ardd. Dw i'n gwybod bod Nissan Leaf yn enw da ar gar ond dw i isio edrych ar **ddail** coed, Alun! Dw i ddim isio edrych ar **ddeilen** fetel!'

'Paid â phoeni. Mi fyddi di'n gweld yr ardd! Mi fyddi di'n gweld dail y coed, mi fyddi di'n gweld y cosmos, mi fyddi di'n gweld y blodau a'r **lafant**. Dim problem. Mi fyddwn ni'n tsiarjio'r car dros nos. Dim ond am bump awr... rhaid i ni gael car trydan!'

'Pump awr! Dan ni'n licio mynd i Gaerdydd, Alun. Ydy'r car yn mynd i fynd i Gaerdydd heb stopio i tsiarjio? Mae'r daith i Gaerdydd dros bedair awr.'

dyfodol – *future*	**ein plant** – *our children*
tsiarjio – *to charge (a car, a phone etc.)*	**o flaen** – *in front of*
pwynt cyswllt – *contact point*	
gwneud gwahaniaeth – *to make a difference*	
deilen (dail) – *leaf (leaves)*	**lafant** – *lavender*

'Dim problem. Mae **pwynt trydan** yn Llanidloes, Rhian.'
'Fydd rhaid aros yn Llanidloes felly?'
'Bydd. Mae Llanidloes yn lle da i stopio. Mae'n lle da i gael coffi. Rhaid i ni gael car trydan.'
'Dw i ddim yn siŵr. Be am gar hybrid?'
'Hybrid?! Na!'
'Pam?'
'Mae car hybrid yn rhoi un droed yn y dyfodol ac un droed yn y **gorffennol**. Car **hanner hanner** a dim byd yn iawn ydy car hybrid. Rhaid i ni gael car trydan. Rhaid i ni **gamu mlaen**. Rhaid i ni wneud gwahaniaeth. Rhaid i ti a fi, Rhian, wneud gwahaniaeth.'
'Ydw, Alun, dw i'n cytuno, rhaid i ni wneud gwahaniaeth.'
'Ti'n cytuno felly, Rhian?'
'Ydw, dw i'n cytuno **gant y cant**.'

Mae Rhian yn edrych ar y cloc. Mae bron yn chwarter i naw. Mae Rhian yn codi ac yn rhoi'r tegell mlaen.

'Panad arall, Alun? Dw i wedi gwrando arnat ti'n siarad ers chwarter i wyth. Fy nhro i rŵan! Mae isio gwneud gwahaniaeth. Dan ni'n gallu gwneud gwahaniaeth.'
'O, ydan. Felly beth am gael car...?'
'Alun. Beth am gychwyn gwneud gwahaniaeth fel hyn? Diffodd golau'r gegin cyn mynd allan! Cofio **tynnu**'r bag plastig o'r bocs Bran Flakes cyn **ailgylchu**. Dyna'r ffordd mlaen, Alun!'
'Ha, ha!'

pwynt trydan – *electric point*	**gorffennol** – *past*
hanner hanner – *half and half*	**camu mlaen** – *to step forward*
cant y cant – *one hundred percent*	**tynnu** – *to remove, to pull*
ailgylchu – *to recycle*	

'Peidio prynu weips disinffectant. Mynd â **photeli** i'r Siop Iechyd a'u llenwi gyda **hylif** golchi dillad. Neu beth am gofio rhoi bagiau siopa yn y car – a pheidio prynu bagiau plastig o hyd ac o hyd, Alun? Rhaid i ni fyw yn wyrdd!'

'Ha!'

'Dw i ddim wedi gorffen eto. Prynu bagiau **pridd heb fawn**. Diffodd y cyfrifiadur cyn mynd i'r gwely. Prynu teganau pren i'r plant yn lle teganau plastig. Rhaid meddwl am fory ac am y dyfodol ac am...'

'Blant ein plant...'

'Ia, Alun – peidio **lapio** brechdanau mewn...'

'*Cling film*. Ocê, ocê.'

'Dw i ddim wedi gorffen eto! Meddwl cyn defnyddio'r **peiriant sychu dillad**! Mynd â **bowlenni** efo ni i'r siop gig a gofyn i'r **cigydd**...'

'... beidio rhoi'r cig mewn bagiau plastig.'

'Ia! O, ydw, dw i'n cytuno gant y cant! Rhaid i ni fyw yn wyrdd, Alun! Dan ni'n medru gwneud gwahaniaeth. Ac un peth arall. Mae gynnon ni feics yn y **cwt**. Beth am i ni fynd i Côr y Cewri ar y beics? Dw i'n cytuno, rhaid i ni newid ein ffordd o fyw! Rhaid i ni wneud gwahaniaeth! Rhaid i ni wneud y pethau bach gynta...'

'Mae hi'n chwarter wedi naw. Rwyt ti wedi siarad am hanner awr! Beth am gael tecawê heno?'

'Mae angen gyrru i'r dre i nôl tecawê! Taith hanner awr. Mae

potel(i) – *bottle(s)*	**hylif** – *liquid*
pridd heb fawn – *soil with no peat*	**lapio** – *to wrap*
peiriant sychu dillad – *tumble dryer*	**bowlen(ni)** – *bowl(s)*
cigydd – *butcher*	**cwt** – *hut*

digon o fwyd yn y cwpwrdd! Beth am **arbed ynni** a **milltiroedd bwyd**? Gyda llaw, ydy'r Nissan yn gar cyflym, Alun?'

---

arbed ynni – *to save energy*
milltir(oedd) bwyd – *food mile(s)*

SBARDUNAU SIARAD

SEBON JOHN PWLL BRWYN
- Mae John yn cael ei alw yn John Pwll Brwyn (pwll – *pond* / brwyn – *reeds*) a Huw yn Huw Tŷ Mawr. Oes enwau tai diddorol yn eich ardal chi? Be am rannu a thrafod ystyr (*meaning*) yr enwau?
- Siaradwch am John. Be dach chi wedi ei ddysgu amdano?
- Dach chi'n flin efo John ar ddiwedd y stori?
- Dach chi'n flin efo Idris?
- Fasech chi'n medru dweud wrth ffrind ei fod yn drewi?
- Siaradwch am eich hoff ganwr, band neu gôr.
- Beth am siarad am eich hoff ddarn o gerddoriaeth?
- Siaradwch am daith neu wyliau diddorol.
- Pan fyddwch chi yn mynd i ffwrdd, beth yw'r gorau – mynd eich hun, gyda'r teulu neu mewn grŵp?

Y FAN WEN
- Mae Gwyneth yn hoffi garddio. Be dach chi'n hoffi wneud yn eich amser hamdden?
  Beth am siarad am un o'ch diddordebau?
- Mae Bleddyn yn gwrando ar gerddoriaeth wrth ddreifio. Pa gerddoriaeth dach chi'n hoffi? Dach chi'n gwrando ar gerddoriaeth, rhaglenni radio, podlediadau (*podcasts*) wrth deithio? Beth am sôn am raglen neu bodlediad diddorol?
- Mae Gwyneth a Sharon, y ferch trin gwallt, yn ffrindiau. Mae rhaglen deledu *Y Salon* ar S4C wedi cael ei ffilmio mewn

siop trin gwallt. Rhaglen 'pry ar y wal' (*fly on the wall*) ydy hi.
Sut siopau trin gwallt dach chi wedi bod ynddyn nhw?
- ➤ Sut berson ydy Bleddyn? Ydy o'n haeddu cael job?

DOS I GANU!
- ➤ Dach chi'n medru siarad am ddodrefn neu bethau yn eich teulu chi sydd â gwerth sentimental (*sentimental value*)?
- ➤ Dach chi'n gwybod am deulu lle mae dawn neu grefft yn rhedeg yn y teulu?
- ➤ Roedd Gwyn yn saer coed da ac abl. Pa ddawn fasech chi wedi hoffi ei chael?
- ➤ Beth yw eich gwaith chi? Pam dewis y gwaith yna?
- ➤ Sut fath o ddyn ydy Gwyn yn y stori yma?
- ➤ Siaradwch am Llinos a Cai. Sut bobol ydyn nhw?
- ➤ Rhowch gyngor (*advice*) i Gwyn! Beth dach chi yn ei ddweud wrtho?
- ➤ 'Gwyn Saer' ydy Gwyn i lot o bobol. Dach chi'n nabod pobol efo enwau tebyg?

CAFFI DRE
- ➤ Siaradwch am Sioned.
  Beth am drio cael proffil ohoni?
  Beth ydy ei hanes hi, tybed? Oes yna rywbeth wedi digwydd iddi?
  Sut berson ydy Sioned?
- ➤ Siaradwch am Carys, perchennog y caffi.
  Beth am wneud proffil ohoni?
  Sut berson ydy hi?
- ➤ Siaradwch am Bahir.

Oes gynnoch chi straeon da am blant yn dweud pethau doniol?
- Mae Emrys yn glên efo Sioned. Dach chi'n nabod pobol glên fel Emrys? Beth am ddweud eu hanes?
- Oes yna gaffis da yn eich ardal chi? Siaradwch amdanyn nhw. Beth sy'n gwneud caffi da? (Y gerddoriaeth / y croeso / y fwydlen...)
- 'Bydd yn ffeind efo ti dy hun' – dyna ddwedodd Carys, perchennog y caffi, wrth Sioned. Sut mae bod yn ffeind efo chi eich hun?
- Pwy ydy eich hoff gymeriad yn y stori yma a pham?

SIÂN A GARETH
- Siaradwch am Siân. Sut ferch ydy hi? Beth dach chi'n wybod amdani?
- Siaradwch am Gareth. Sut ddyn ydy o?
- Pam mae Gareth yn dweud 'Mam' a 'Mami' am Siân?
- Pam mae'r bagiau te a'r Fairy Liquid yn y ffrij? Pwy sydd wedi eu rhoi nhw yn y ffrij?
- Sut berson ydy Gareth yn y gwaith? Beth ydy gwaith Gareth, dach chi'n feddwl?
- Beth oedd hanes Siân cyn iddi gyfarfod Gareth, tybed?
- Mae Gareth yn perthyn i gôr. Ydy o'n hapus yn y côr? Ydy pobol y côr yn nabod Gareth?
- Siaradwch am Llinos.
- Beth sy'n gwneud ffrind da?

LLOND BOL
- Siaradwch am Dawn. Pa ffeithiau (*facts*) sy yn y stori amdani?

- Siaradwch am Dawn fel person. Sut berson ydy hi?
- Beth dach chi yn ei ddysgu am Elen, Mr Dewi Roberts, Carys, perchennog Caffi Dre, a Tom?
- Ydy pobol yn dweud pethau sy'n mynd ar eich nerfau chi? Beth am rannu!
- Mae Dawn yn mynd i'r Himalayas. Dach chi wedi bod ar deithiau cerdded i lefydd diddorol?

CAR TRYDAN
- Mae angen *top tips* ar fyw'n wyrdd. Beth ydyn nhw?
- Sut berson ydy Alun? Siaradwch amdano.
- Sut berson ydy Rhian? Siaradwch amdani.
- Car trydan? Ai dyma'r car i chi?

GEIRFA

acen Wyddelig – *Irish accent*
adeiladwr – *builder*
addasu – *to adapt, to arrange*
anghofus – *forgetful*
ailgylchu – *to recycle*
alaw – *tune (Alaw is also a girl's name)*
amau – *to doubt*
anfon – *to send*
annifyr – *unpleasant*
annwyd – *a cold*
Annwyl Ddarllenydd – *Dear Reader*
ansicr – *unsure*
antur – *adventure*
ar ben to – *on the roof*
ar dy ôl di – *after you*
ar ei liwt ei hun – *self-employed*
ar ei phen ei hun – *on her own*
arbed ynni – *to save energy*
argol fawr! – *an exclamation – goodness me!, good gracious!*
aros – *to stay*
aros adra – *to stay home*
arwain – *to lead*
arweinydd – *choir leader, conductor*
awtistiaeth – *autism*
awyr iach – *fresh air*
awyrgylch – *ambience*

balch – *glad, pleased*
Bangor Lad – *the name for people from Bangor*
basged – *basket*
benthyg – *to borrow*
berwi – *to boil*

blasus – *tasty*
blêr – *untidy*
bobol bach! – *an exclamation – good heavens! (literally: small people)*
boi iawn – *a good sort*
bowlen(ni) – *bowl(s)*
bwydlen – *menu*
bwyta'n iach – *to eat a healthy diet*
byd bach – *small world*
bydd yn ffeind efo ti dy hun – *be kind to yourself*

cacen foron – *carrot cake*
Cadeirydd – *Chairperson*
cael gwadd – *to be invited*
calon – *heart*
callia! – *an exclamation – wise up!*
camu mlaen – *to step forward*
cân (caneuon) – *song(s)*
canolfan hamdden – *leisure centre*
cant y cant – *one hundred percent*
canu dros y lle – *to sing at the top of his/her voice (literally: to sing all over the place)*
car trydan – *electric car*
caredig – *kind*
cas – *not nice, unpleasant*
cawod – *shower*
(cawr) cewri – *giant(s)*
cefn – *back*
cefnder – *cousin (masculine)*
Cerddwyr Llŷn – cerddwyr – *walkers, ramblers*
cês – *a case, a character*

cesan – *a case, a character (feminine)*
cigydd – *butcher*
cist – *chest, box*
clên – *kind, pleasant*
Clwb Ffitrwydd – *Fitness Club*
clyd – *cosy*
codi gwallt dy ben – *idiom: hair-raising (literally: to lift the hair of your head)*
Cofi Dre – *the name for people from Caernarfon*
Cofiannau – *Biographies*
copa uchaf – *highest peak*
Corff a Meddwl – *Mind and Body*
corff iach – *healthy body*
crac(iau) – *crack(s)*
crefftwr – *craftsman*
crio – *to cry*
criw – *group, gang*
croesawus – *welcoming*
crwn – *round*
crys(au) T – *T shirt(s)*
cwestiwn (cwestiynau) – *question(s)*
cwffio – *to fight*
cwpwrdd – *cupboard*
cwt – *hut*
cychwyn – *to start*
cyflwr (cyflyrau) – *condition(s)*
cyfnither – *cousin (feminine)*
cyfreithiwr – *solicitor*
cyfrifiadur – *computer*
cyfrifydd – *accountant*
cyffyrddus – *comfortable*
cyllell (cyllyll) – *knive(s)*
cymysg – *mixed*
cyn bo hir – *before long*
cynllunio – *to design, to plan*
cystadlu – *to compete*
cytuno – *to agree*
cysylltu – *to connect, to link*

chwys – *sweat*

dal – *to hold (on)*
dal ati – *to keep it up, to keep going*
dal ati i siarad – *to keep talking*
dal yma – *still here*
dallt (deall) – *to understand*
deilen (dail) – *leaf (leaves)*
dewr – *brave*
diawl mewn croen – *like the devil, the devil incarnate (literally: a devil in skin)*
Diddordebau a Hamdden – *Interests and Leisure*
diflannu – *to disappear*
diffodd – *to switch off, to turn off*
digon yw digon – *idiom: enough is enough*
digwyddiad(au) – *event(s)*
digywilydd – *cheeky, rude*
dim hwyliau – *idiom: not in good spirits, feeling downhearted*
Diolch byth – *Thank goodness*
dipyn o foi – *Jack the lad (literally: a bit of a lad)*
disgyn – *to fall*
dod yn ôl – *to come back, to return*
dodrefn – *furniture*
doniol – *funny*
Dos i ganu! – *away with you! Get lost! (literally: go and sing)*
Dos i'r diawl! – *go to hell! (literally: go to the devil)*
dresel – *dresser*
drewi – *to smell, to stink*
dringo – *to climb*
dropyn – *a drop*
dros y lle – *everywhere (literally: all over the place)*

drud – *expensive*
Dw i mor flin – *I am so cross*
dweud yn uchel – *to say out loud*
dy orau glas – *idiom: your very best (literally: your blue best)*
dyddiau coleg – *college days*
dyfodol – *future*

ei throi hi – troi – *to turn / idiom: to leave, to be on my way (literally: to turn it)*
ein plant – *our children*
erbyn hyn – *by now*
ers tro – *for a while*
esgid – *shoe*

Faint sydd arna i i ti? – *How much do I owe you?*
fy nghalon – *my heart*

ffeind – *kind*
ffrâm – *frame*
ffrog – *dress*
ffuglen – *fiction*
ffwl sbid – *as fast as something or someone can go, at full speed*

gafael – *to hold*
gardd gymunedol – *community garden*
garddio – *to tend the garden*
glân – *clean*
gludo – *to seal, to glue*
gorffennol – *past*
goriad(au) – *key(s)*
gwag – *empty*
gwaith go iawn – *real work*
gwaith gwirfoddol – *voluntary work*
gweiddi – *to shout*
gweithio'n galed – *to work hard*

Gwêl y Don – gwêl – *see* / ton – *wave (literally: see the wave)*
gwisgo ei chôt – *to put on her coat*
gwneud gwahaniaeth – *to make a difference*
gwydr – *mirror, glass*
Gŵyl Ban Geltaidd – *International Pan Celtic Festival*
gyda llaw – *incidentally; by the way (literally: by the hand)*
gyferbyn â – *opposite*
gyrrwr lorri – *lorry driver*

halen y ddaear – *salt of the earth*
hanner hanner – *half and half*
hardd – *beautiful*
hen daid – *great grandfather*
hen nain – *great grandmother*
hogan (gogledd) – *girl*
hogyn (gogledd) – *boy*
How Get – *the name for people from Bethesda*
hylif – *liquid*

i fod – *supposed to*
i'r dim – *excellent, fine*
iechyd meddwl – *mental health*
isio llonydd – *to need space, to need a break*
Iwerddon – *Ireland*

lafant – *lavender*
lapio – *to wrap*
LHDT+ – *LGBT+*
lwmp o sebon – *a bar of soap*

llaeth (de) – *milk*
lle(fydd) – *place(s)*
llefrith (gogledd) – *milk*

llestri – *china*
llethr(au) – *slope(s)*
lliwgar – *colourful*
llond bol – *bellyful, gutful*
llonydd – *still*
Llyfrau Dewis Sydyn – *Quick Choice Books*
Llyfrau Llafar – *Audio Books*
Llyfrau Print Bras – *Large Print Books*
Llys y Goron – *Crown Court*

mae hi'n dal i – *she continues to*
maes awyr – *airport*
Manceinion – *Manchester*
medru – *to be able to*
meddai – *said*
meddwl clir – *a clear mind*
meddwl y byd o – *idiom: to think the world of*
milltir(oedd) bwyd – *food mile(s)*
modrwy – *ring*
môr-forwyn(ion) – *mermaid(s)*
morio canu – *idiom: to sing one's heart out (literally: sail singing)*
myg(iau) – *mug(s)*
mynydda – *mountaineering*

neges – *message*
neuadd bentref – *village hall*
newid – *to change*
newyddion da – *good news*
nôl – *to fetch*

o flaen – *in front of*
o flaen ei well – *appearing before a court of law (literally: in front of his betters)*
o hyd – *all the time, constantly*
O mam bach! – *an exclamation – Oh my goodness!, good heavens!*

oglau – *smell*
pawb – *everyone, everybody*
peiriant sychu dillad – *tumble dryer*
Pen Llŷn – *The Llŷn Peninsula*
pen-glin – *knee*
perchen – *to own*
perchennog – *owner, proprietor*
perthyn – *to be related, to belong*
piau – *to own*
plygu'n flêr – *to fold in an untidy manner*
pob math – *all kinds*
poced – *pocket*
popty – *oven*
potel(i) – *bottle(s)*
pren – *wood, wooden*
pridd heb fawn – *soil with no peat*
pwrs – *purse*
pwynt cyswllt – *contact point*
pwynt trydan – *electric point*
pwysleisio – *to emphasize*
pwyso – *to lean*
pysgodyn – *fish*

rhannu – *to share*
rheolwr prosiect – *project manager*
rhestr – *list*
rheswm – *reason*
rhewi – *to freeze*
rhiant (rhieni) – *parent(s)*
rhoi o bach – *to caress*
rhoi'r byd yn ei le – *idiom: to put the world to rights (literally: to put the world in its place)*

saer coed – *joiner, carpenter*
sbardun sgwrs – *conversation starter*
sebon – *soap*
sefyll – *to stand*

sefyllfa – *scenario, situation*
sesiwn ffitrwydd – *fitness session*
sgrechian – *to scream*
sgwrs – *conversation*
sioe dda – *good show*
siop trin gwallt – *hairdresser's*
siswrn – *scissors*
siwrne – *journey*
slei – *sly*
stad – *estate*
sti – *you know (used to reaffirm)*
stopio'n stond – *to stop instantly*
stori (straeon) – *story (stories)*
syniad(au) – *idea(s)*

taflu – *to throw*
taflu fyny – *to throw up*
tân dani! – *idiom: Go! (literally: fire underneath)*
tan ganu – *idiom: with a spring in his step (literally: whilst singing)*
tecstiliau – *textiles*
tegell – *kettle*
teras – *terrace*
Tewch â dweud! – *idiom: You don't say!*
tiwn(s) – *tune(s)*
toes – *don't they, doesn't she etc.*
torri – *to break*
töwr – *roofer*
trefn – *order, neatness*
trefnu – *to organise*
trïwch – *try*
troed (traed) – *foot (feet)*
trosedd – *crime*
trwsio – *to mend*
trysorydd – *treasurer*
tsiarjio – *to charge (a car, a phone etc.)*
tu ôl – *behind*

tynnu – *to remove, to pull*
tynnu coes – *idiom: to tease (literally: to pull a leg)*

uwchben – *above*

waeth i mi – *I might as well*
wedi cau – *has closed*
wir yr – *an exclamation – honestly!, take my word for it, believe what I'm saying*
wrth ei bodd – *in her element*
wyt ti'n gêm – *idiom: are you game?, are you up for it?*

Y Fan Wen – *The White Van*
Ydw, tad – *yes ('tad' is used here to reaffirm) (literally: yes, Father, honest to God)*
ymarfer – *practice; to practise*
ymddeol – *to retire*
ymuno – *to join*
yn agored – *open*
yn beryg bywyd – *extremely dangerous (literally: a danger to life)*
yn fyw – *alive*
yn glustiau i gyd – *idiom: all ears*
yn hollol – *of course, exactly*
yn sydyn – *suddenly*
yn troi – *to turn / contextual meaning – to make someone heave*
yn uchel – *loudly*
yn wag – *empty*
yna – *then*
yr Alban – *Scotland*
yr un dref – *the same town*
ysgafn fel deilen – *as light as a leaf*
ysgwyd – *to shake*
ystol – *ladder*

Hefyd i ddysgwyr Lefel Mynediad:

£4.99

£4.99

£4.99